C'est moi qui régale !

24 recettes

VALENTIN CALVET

© 2023, Valentin Calvet
Édition : BoD – Books on Demand, info@bod.fr
Impression : BoD – Books on Demand,
In de Tarpen 42, Norderstedt (Allemagne)
Impression à la demande
ISBN : 978-2-3224-7153-9
Dépôt légal : Mars 2023

PRÉFACE

>>>————<<<

La cuisine est une affaire de famille. De souvenirs même. Un plat exceptionnel est souvent le plat qui nous rappelle comment untel faisait telle recette.

La cuisine est une affaire de partage. Commbien d'entre nous ont la flemme de se faire à manger ? Et combien passeraient des heures en cuisine pour recevoir et faire plaisir ?

La cuisine est une affaire de plaisir. Quand on aime, on fait avec générosité. On crée et on donne avec notre cœur et notre envie.

La cuisine est une affaire de cœur, et ce sont les émotions qui dictent la mienne.

>>>————<<<

DOUCEURS SUCREES

RECETTES

Les pancakes du matin
Banana Bread ou Cake à la Banane
Le Carrot Cake New-yorkais
Ma tarte au citron de A à Z
Ma génoise inratable (au robot)
Crumble
La Panna Cotta
Brownies aux noix
Mousse au Chocolat

LES PANCAKES DU MATIN !

Ingrédients

250g de farine
50g de beurre
40cL de lait
1 gousse de vanille

70g de sucre
2 œufs entiers
1 sachet de levure chimique

Tamiser la farine et la levure, puis ajouter le sucre, la gousse de vanille et une pincée de sel

Faire un puits au centre et ajouter les œufs et le beurre fondu puis mélanger jusqu'à obtenir une pâte homogène

Ajouter le lait en 3 fois jusqu'à obtenir un ruban

Cuire sur une poêle chaude beurrée pendant 2 à 3 minutes par face

BANANA BREAD
OU CAKE À LA BANANE

Ingrédients

250g de farine
75g de beurre
150g de sucre
1 cuillère à café de bicarbonate

2 bananes (les plus mûres possibles)
2 œufs
1/2 sachet de levure chimique

Préchauffer le four à 180°

Tamiser la moitié de la farine, le bicarbonate et la levure, puis ajouter le sucre et une bonne pincée de sel

Ajouter les bananes écrasées grossièrement et le beurre puis mélanger énergiquement jusqu'à obtenir une pâte homogène (on peut le faire au robot)

Ajouter ensuite les oeufs et le reste de la farine et mélanger

Cuire dans un moule à cake graissé pendant 45 minutes en surveillant la cuisson

CARROT CAKE NEW-YORKAIS

Ingrédients

- 0g de carottes râpées
- 150g d'huile neutre
- 150g de sucre
- 200g de farine
- 1 sachet de levure chimique
- 3 œufs entiers
- 1/2 cuillère à café de gingembre
- 1/2 c.à.c. de muscade
- 1/2 c.à.c. de poivre
- 1 c.à.c. de cannelle

Préchauffer le four à 170°

Blanchir les œufs avec le sucre, puis ajouter l'huile, puis la farine et la levure, puis les épices et une pincée de sel. Enfin ajouter les carottes râpées et mélanger bien

Cuire dans un moule à cake graissé pendant 40 minutes en surveillant la cuisson

Pendant la cuisson vous pouvez préparer un glaçage super simple en mélangeant 250g de cream cheese (type Philadelphia) avec 50g de beurre pommade et 50g de sucre glace

Lorsque vous sortez le cake, laissez le refroidir 5 minutes avant de démouler puis napper avec le glaçage à la spatule

MA TARTE AU CITRON DE A À Z !

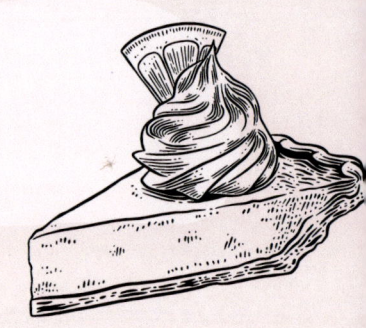

Ingrédients

Pour la pâte :
- 300g de farine
- 150g de beurre pommade
- 3 c.à.s. de sucre
- 8cL d'eau tiède
- 2 citrons vert zestés

Pour la crème de citron :
- 3 oeufs
- 125g de sucre
- 75g de beurre
- 90mL de jus de citron (3 citrons)

Préchauffer le four à 180°

En premier, réaliser la pâte brisée. Mettre dans un bol la farine, le sucre, les zestes et une pincée de sel et incorporer le beurre jusqu'à une texture de semoule grossière, puis lier avec l'eau

Laisser prendre au frigo pour 1h, puis l'étaler et la foncer dans un moule à tarte fariné (pas graissé)

Foncer la pâte veut dire bien suivre la forme du moule et bien enfoncer avec le bout des doigts à la base du rebord !

Piquer la pâte avec une fourchette ou placer des grains de cuisson et cuire le fond de tarte 25 minutes

MA TARTE AU CITRON DE A À Z !

Deuxième étape : la crème de citron

Préparer une casserole d'eau bouillante.
Dans un bol en inox, blanchir les œufs et le sucre puis ajouter le jus de citron

Si vous utilisez des citrons frais, cela correspond à 3 citrons. Vous pouvez ajouter quelques zestes mais prenez garde à retirer la partie blanche, l'albédo, qui est amère !

Placer le bol sur la casserole et cuire la crème au bain marie en fouettant régulièrement.
Lorsque le fouets laisse des traces franches dans le mélange, retirer le bol et incorporer le beurre froid en morceaux dans votre crème

Repartir votre crème dans le fond de tarte cuit et laissez au frigo pour au moins 30 minutes avant de déguster

Petit truc : Plus vous laissez votre crème cuire après avoir repéré les traces de fouet, plus elle sera acide. A vous de choisir entre douceur et attaque !

MA GÉNOISE INRATABLE (AU ROBOT)

Ingrédients

4 oeufs
120g de sucre
120g de farine
1 pincée de sel
Bonus : de la confiture ou de la pâte à tartiner

Préchauffer le four à 180°

Dans le bol d'un robot mélangeur, mettre les œufs, le sucre et le sel.
Blanchir à vitesse moyenne pendant dix minutes jusqu'à obtenir un mélange crémeux ayant triplé de volume !

Rajouter la farine tamisée et mélanger délicatement au fouet pour obtenir un mélange homogène

Verser l'appareil dans un moule recouvert de papier sulfurisé et cuire 25 minutes

Si vous voulez faire une génoise roulée, dès la sortie du four roulez votre génoise dans un torchon humide, elle sera moins cassante !

LE CRUMBLE GOURMAND ET FACILE

Ingrédients

300g de farine
200g de sucre
150g de beurre pommade
1 pincée de sel
1kg de fruits au choix

Préchauffer le four à 180°

Dans un bol, mélanger la farine, le sucre, le beurre et le sel jusqu'à obtenir une semoule grossière : le crumble est fait !

Eplucher et portionner vos fruits (vous pouvez les faire rôtir et flamber si vous en avez envie) et les placer dans un moule

Recouvrir avec votre crumble et cuire 40 minutes. Dégustez tiède avec une boule de glace

Vous pouvez ajouter des épices dans votre crumble comme de la cannelle ou des zestes d'agrumes. Si vous optez pour un crumble salé, remplacer le sucre par du parmesan en poudre ! C'est exquis !

LA PANNA COTTA

Ingrédients

20cL de lait
20cL de crème entière
50g de sucre
1 gousse de vanille
3 feuilles de gélatine

Placer les feuilles de gélatine dans l'eau froide pour qu'elles ramollissent

Dans une casserole, mélanger le lait, la crème, le sucre et la vanille fendue. Porter à ébullition en surveillant continuellement !

Lorsque l'ébullition est atteinte, retirer la gousse de vanille et incorporer la gélatine au fouet, puis verser dans vos contenants.
Laisser prendre au frais au moins 4h avant de déguster

Vous pouvez napper votre Panna Cotta à votre guise, avec du caramel ou du coulis de fruits.
Recette simple : mixer 100g de fruits et 30g de sucre pour un coulis minute !

BROWNIES AUX NOIX

Ingrédients

150g de farine
150g de sucre
150g de beurre
2 oeufs
200g de chocolat noir
100g de noix

Préchauffer le four à 180°

Faire fondre le beurre au bain marie
Pendant ce temps hacher les noix et dans un autre bol mélanger les œufs et le sucre au fouet vif

Lorsque le chocolat est fondu, ajouter le beurre puis verser dans votre mélange œufs & sucre

Ajouter la farine et une pincée de sel, puis les noix hachées et mélanger jusqu'à obtenir une pâte homogène

Verser dans un moule chemisé (c'est à dire graissé et fariné) et mettre au four pour 25 minutes

MOUSSE AU CHOCOLAT

Ingrédients

200g de chocolat noir 70%
50g de sucre
6 œufs clarifiés

Faire fondre le chocolat au bain marie

Pendant ce temps, clarifier vos œufs.
Blanchir vos 6 jaunes d'œufs avec le sucre d'une part et monter vos 6 blancs d'œufs en neige très ferme avec une pincée de sel

Incorporer vos jaunes d'œufs blanchis au chocolat fondu puis ajouter peu à peu vos blancs en neige.

Pour la première partie, y aller délicatement au fouet puis incorporer le reste à la spatule sans casser les blancs en neige

Verser dans vos ramequins ou dans un saladier et laisser prendre 3h au frais

RECETTES SALEES

RECETTES

Filet mignon en croûte
Dos de Cabillaud Coco Gingembre
Poulet forestier
Saumon gravlax
Réussir ses pâtes au beurre
Meringues salées apéritives

FILET MIGNON EN CROÛTE

Ingrédients

1 filet mignon de 800g
500g de champignons
2 oignons
1 gousse d'ail
500g d'épinards frais
2 oeufs

100g de farine
15cL de lait
1 pâte feuilletée
10cL vin blanc
Beurre, cumin
sel & poivre

Melanger la farine, le lait et l œuf dans un saladier pour faire une pâte à crêpe.
Faire cuire les crêpes et réserver

Dans une casserole huilée à bord haut très chaude, faire tomber les épinards (jeter vos épinards frais dans l'huile et mélanger vivement jusqu'à ce qu'ils soient cuits), puis les réserver dans une passoire pour qu'ils rendent leur eau

Hâcher finement les champignons, les oignons et l'ail et les faire revenir dans du beurre. Déglacer avec le vin blanc et réserver. Garder la poêle pour faire saisir votre filet mignon de tous les côtés au beurre

FILET MIGNON EN CROÛTE

Sur votre plan de travail, étaler deux crêpes (4 si elles sont petites), recouvrir avec les champignons et placer le filet mignon au milieu. Rouler le filet et le serrer le plus possible avec l'aide de film alimentaire

Ouvrir la pâte feuilletée et garnir avec les épinards puis placer votre filet roulé sans le film alimentaire au milieu.
Rouler votre pâte et sceller la. Placer votre filet mignon en croûte sur une plaque de cuisson recouverte de papier sulfurisé en prenant garde à mettre la couture en dessous.

Faire cuire pendant 20 minutes à 150°, puis 15 minutes à 200°

DOS DE CABILLAUD COCO GINGEMBRE

Ingrédients
4 portions de 200g de dos de cabillaud
150mL de lait de coco
1 citron vert
2 cuillères à soupe de gingembre
1 cuillere à café de piment
1 cuillère à café de cannelle

Zester votre citron et presser son jus
Dans un contenant hermétique, mélanger tous les ingrédients et laisser mariner au frais pendant 1h

Placer vos dos de cabillaud dans un plat avec un peu d'huile d'olive et enfourner avec un départ à four froid pour 15 minutes à 170°

Dans une casserole faire chauffer la marinade pour l'épaissir, elle nappera votre poisson

Au dressage vous pouvez accompagner votre poisson de riz blanc et de petits légumes vapeur comme des brocolis ou des carottes

POULET FORESTIER

Ingrédients

4 suprêmes de poulet
2 oignons
1 gousse d'ail
Thym, romarin, sel et poivre
500g de champignons au choix
50cL de bouillon de légumes

Dans un saladier, huiler les suprêmes et les assaisonner avec du sel et du poivre puis cuire au four à 120° pendant une heure

Ciseler les oignons et l'ail et faire revenir dans une casserole. Au bout de 3 minutes, ajouter vos champignons. Cuire pendant une dizaine de minutes puis singer (saupoudrer de farine légèrement, juste pour recouvrir votre casserole) et mélanger avant de déglacer avec le bouillon de légumes. Ajouter le thym et le romarin et laisser cuire doucement pour faire réduire

Dans une poêle chaude, saisir vos suprêmes sur une face pour les colorer et les dresser nappés de votre sauce aux champignons

SAUMON GRAVLAX

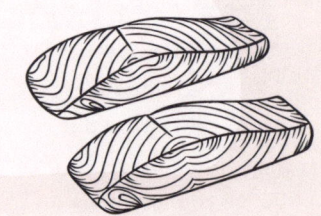

Ingrédients

1 filet de saumon frais de 1kg
1 botte d'aneth
50g de sucre
50g de sel
Baies roses et poivre concassé

Hâcher l'aneth finement, retirer les arêtes de votre filet et essuyer le saumon avec du papier absorbant

Dans un plat, recouvrir le fond de film alimentaire et placer votre filet de saumon côté peau contre le film alimentaire. Le recouvrir avec l'aneth, quelques baies roses et du poivre concassé à votre goût (1 cuillère à soupe de baies roses et de poivre sont suffisants si c'est votre premier)

Dans un bol, mélanger le sel et le sucre et recouvrir le côté sans peau avec le mélange puis refermer le film alimentaire comme une papillote bien serrée

Placer au frigo pour 48h en retournant le poisson toutes les 12h et en jetant l'eau rendue.
Deguster en Carpaccio avec une mayonnaise maison

RÉUSSIR SES PÂTES AU BEURRE

Ingrédients

250g de pâtes crues
100mL de bouillon de légumes
50g de beurre
Sel et poivre

Cuire vos pâtes al dente, puis les refroidir sous l'eau froide et mélanger les avec un peu d'huile pour ne pas qu'elles collent

Realiser une émulsion pour enrober vos pâtes de beurre. Faire chauffer le bouillon de légumes avec le beurre jusqu'à l'ébullition. Jeter vos pâtes dans l'émulsion et chauffer en remuant délicatement pour ne pas casser vos pâtes

Lorsque vous n'avez plus de liquide au fond de la casserole, assaisonner et servir aussitôt

Attention à ne pas accrocher, cela prend 2 à 3 minutes maximum pour réchauffer vos pâtes

MERINGUES SALÉES APÉRITIVES

Ingrédients

2 blancs d'oeufs
80g de sucre
une pincée de sel
épices au choix

Dans un bol mettre les blancs d'œufs et une pincée de sel et commencer a les monter au batteur

Ajouter 1/3 du sucre dès le début, le deuxième tiers lorsque le mélange mousse généreusement et le dernier tiers lorsque votre meringue commence à prendre

Rajouter une cuillère à café de sel et une cuillère à soupe de l'épice de votre choix (ail semoule, curcuma, piment, etc...) sans cesser de battre.

Votre meringue est prête lorsque le mélange fait un bec d'oiseau et qu'il ne tombe pas en retournant le bol

Pocher les meringues à la poche à douille et cuire 1h à 100°

BOUILLONS & SAUCES

RECETTES

Bouillon de légumes
Bouillon de volaille
Fumet de poisson
Beurre persillé
Ketchup Mango Curry
La mayonnaise
(recette traditionnelle et minute)

BOUILLON DE LEGUMES

Ingrédients

500g de légumes
(carotte, poireau, céleri branche)
2 oignons
de l'eau

Dans une grande casserole placer tous vos légumes lavés non épluchés en morceaux grossiers

Recouvrir d'eau environ 1cm au dessus des légumes et laisser cuire pendant 45 minutes

Filtrer votre bouillon puis remettre les légumes dans la casserole et remplir d'eau à hauteur et porter à ébullition : c'est l'étape de la remouille !

Lorsque l'ébullition est atteinte, filtrer à nouveau votre bouillon par dessus le premier

Le bouillon de légumes est prêt à être utiliser et vos légumes peuvent être utilisés en purée et soupe. Vous pouvez le réaliser avec seulement les épluchures !

BOUILLON DE VOLAILLE

Ingrédients

500g d'ailes et de cuisses de poulet
500g de légumes
(carotte, poireau, céleri branche)
2 oignons
de l'eau

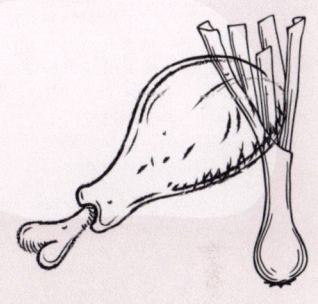

Le bouillon de volaille suit la même technique que le bouillon de légumes.
Dans une grande casserole placer tous vos légumes lavés non épluchés en morceaux grossiers ainsi que votre poulet

Recouvrir d'eau environ 1cm au dessus de la garniture et laisser cuire pendant 45 minutes

Filtrer votre bouillon puis remettre la garniture dans la casserole et remplir d'eau à hauteur et porter à ébullition
Lorsque l'ébullition est atteinte, filtrer à nouveau votre bouillon par dessus le premier

Vous pouvez récupérer le poulet et l'effilocher pour l'utiliser dans une quiche par exemple !

FUMET DE POISSON

Ingrédients

500g d'arrêtes et de chutes de poisson
500g de légumes
(carotte, poireau, céleri branche)
2 oignons
Du vin blanc et de l'eau

Le fumet de poisson suit la même technique que le bouillon de légumes.

Dans une grande casserole placer tous vos légumes lavés non épluchés en morceaux grossiers ainsi que votre poisson

Recouvrir à moitié de vin blanc et d'eau pour un niveau 1cm au dessus des légumes et du poisson et laisser cuire pendant 45 minutes

Filtrer votre fumet puis remettre la garniture dans la casserole et remplir d'eau à hauteur et porter à ébullition Lorsque l'ébullition est atteinte, filtrer à nouveau votre fumet par dessus le premier

BEURRE PERSILLÉ

Ingrédients

1 plaquette de beurre doux
30g de persil
5 gousses d'ail
1 cuillère à café de Fleur de sel

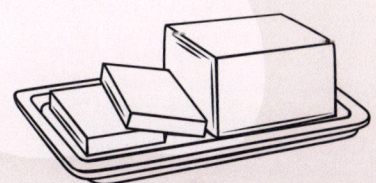

Laisser ramollir le beurre à température ambiante

Hâcher finement le persil (attention à ne pas l'écraser pour qu'il ne rende pas d'eau) et écraser les gousses d'ail au mortier ou les hâcher très finement

A l'aide d'une fourchette, mélanger tous les éléments ainsi que la fleur de sel de façon homogène

Avec du film alimentaire, réaliser des boudins de beurre persillé ou le placer dans un beurrier assez grand. Laisser prendre au frais

Vous pouvez l'utiliser pour des cuissons et transposer la recette avec les épices de votre choix !

KETCHUP MANGO CURRY

Ingrédients

1 mangue bien mûre
1 oignon
le jus d'un citron vert
1c.à.c. de curcuma, de curry, de gingembre et de piment doux

Cette recette est ultra facile et rapide et se mariera à merveille avec vos viandes blanches et poissons blancs !

Dans un blender, placer la mangue pelée en cubes, l'oignon pelé en cubes, le jus d'un citron vert et les épices

Mixer jusqu'à obtenir une texture lisse, rectifier l'assaisonnement en sel puis verser dans un pot et placer le ketchup au frais

Vous pouvez le conserver deux à trois semaines mais il ne tiendra pas si longtemps j'en suis sûr !

LA MAYONNAISE TRADITIONNELLE

Ingrédients

1 cuillère à soupe de moutarde fine
1 jaune d'oeuf
100mL d'huile de tournesol
une pincée de sel

Dans un bol placer la moutarde, le sel et le jaune d'œuf. Tout en fouettant ajouter l'huile en filet jusqu'à obtenir une texture crémeuse

LA MAYONNAISE ALLEGEE MINUTE

Ingrédients

100mL d'huile neutre
50mL de lait
1 c.à.s. de vinaigre blanc
une pincée de sel

Dans un verre doseur placer tous les ingrédients.
Mixer avec un mixeur plongeant jusqu'à obtenir une texture onctueuse !

CÔTÉ BOISSONS

RECETTES

Boisson végétale (lait végétal) à l'avoine, au riz et au soja

Thé glacé au citron

BOISSON VEGETALE
(LAIT SANS LACTOSE)

Ingrédients

00g de flocons d'avoine, de riz ou de graines de soja jaune
de l'eau de source ou filtrée
du sirop d'agave

Cette recette est une alternative au lait animal pour les personnes végétariennes, en transition ou intolérantes au lactose !

Laisser tremper votre avoine, riz ou soja, une nuit entière dans un grand volume d'eau
Égoutter, rincer et mixer au blender à raison d'un volume d'avoine, riz ou soja pour deux volumes d'eau
Filtrer à travers une étamine ou un torchon pour ne garder que la boisson

Vous pouvez sucrer a raison de 10g de sirop d'agave pour 100mL de boisson végétale.

Attention, il faut faire bouillir le « lait de soja » avant de le consommer !!!

THÉ GLACÉ AU CITRON

Ingrédients

2L d'eau de source ou filtrée
2 sachets de thé noir
1 citron lavé sans pesticide

Dans une casserole faites chauffer l'eau jusqu'à frémissement (les premières bulles se forment mais pas de grosses bulles). Arrêter le feu et laisser infuser le thé et le zeste de citron sans la partie blanche pendant 8minutes

Un thé infusé avec une eau trop chaude sera amer

Retirer le thé et ajouter le jus du citron, sucrer à votre goût et déguster frais